CONSEIL D'ÉTAT.

DISCUSSION

DU PROJET

DE CODE CIVIL.

N.° 4.

SÉANCE du 16 Thermidor, an 9 de la République.

LE PREMIER CONSUL préside la séance.

Le C. BOULAY fait lecture de la nouvelle rédaction du titre concernant *les personnes qui jouissent des droits civils et celles qui n'en jouissent pas.*

Les articles I et II sont adoptés ; ils sont conçus en ces termes :

Art. I.ᵉʳ « Tout Français jouira des droits civils » résultant de la loi française.

Art. II. » Tout individu né en France est Français. »

L'article III est soumis à la discussion ; il est ainsi conçu :

« Tout enfant né d'un Français en pays étranger, » est Français.

» Tout enfant né en pays étranger, d'un Français qui » aurait abdiqué sa patrie, pourra toujours recouvrer la » qualité de Français, en faisant la déclaration qu'il » entend fixer son domicile en France.

» Cette déclaration devra être faite sur le registre » de la commune où il vient s'établir. »

Le C. DEFERMON demande le retranchement de la troisième disposition, qui n'est que réglementaire ;

A

d'ailleurs, peut-être trouvera-t-on plus convenable d'ouvrir dans les sous-préfectures les registres pour recevoir ces sortes de déclarations. Il importe donc de ne rien préjuger.

Le C. BERLIER observe que cette disposition n'a été ajoutée que pour exprimer que la déclaration devra être faite en France.

Le C. TRONCHET propose la rédaction suivante : « Cette déclaration devra être faite en France dans » la forme qui sera déterminée. »

L'article est adopté avec cet amendement.

Le PREMIER CONSUL dit qu'avant de s'occuper des articles sur lesquels ne peuvent s'élever que des difficultés de pure rédaction, il convient de se fixer sur ceux dont les dispositions n'ont pas encore été définitivement arrêtées.

En conséquence, la discussion de l'article XVIII est ouverte ; cet article est ainsi conçu : « La peine de mort ou les peines afflictives qui » s'étendent à toute la durée de la vie, emporteront » la mort civile. »

Le MINISTRE DE LA JUSTICE dit que la peine de mort emporte plus que la mort civile ; que puisque le projet contient des dispositions particulières sur le contumax condamné à mort, il ne doit pas placer la peine de mort parmi les causes qui emportent la mort civile.

Le C. BOULAY répond qu'on a dû parler de la peine de mort sous le rapport de l'individu condamné contradictoirement qui parvient à s'évader.

Le PREMIER CONSUL dit que, pour s'exprimer avec justesse, il faudrait dire, *la condamnation à la peine de mort.*

Le C. TRONCHET dit qu'on ne peut se dispenser d'énoncer que la peine de mort entraîne la mort civile, attendu que celui qui l'a encourue meurt incapable de divers effets civils, tels, par exemple, que la faculté de tester.

Le CONSUL-CAMBACÉRÉS propose la rédaction suivante : « Les peines qui emportent la mort civile,

» sont la condamnation à la peine de mort quoique
» non exécutée, ou à des peines afflictives qui s'étendent
» à toute la durée de la vie. »

Le C. PORTALIS observe que la condamnation à la
peine de mort n'emporte la mort civile que lorsqu'elle
est suivie de l'exécution au moins par effigie.

Le CONSUL CAMBACÉRÉS dit que ce principe n'a
été adopté autrefois qu'à cause du secret dont la procédure et le jugement étaient alors entourés.

Le PREMIER CONSUL demande si la mort naturelle
du condamné, avant l'exécution du jugement, le sous-
trait à la mort civile !

Le C. TRONCHET répond que dans le temps où les
jugemens criminels étaient sujets à l'appel, le condamné
qui mourait après l'appel interjeté, et avant ou après
le jugement d'appel, mais avant l'exécution par effigie,
mourait avec tous ses droits civils, et ses biens n'étaient
pas confisqués ; que quoiqu'aujourd'ui l'appel ne soit
plus admis, le principe peut être encore appliqué au cas
du pourvoi en cassation.

Au reste, ce n'était pas à cause du secret de la procédure et du jugement que la mort civile n'était encourue
que du jour de l'exécution par effigie ; c'est par ce
qu'en matière criminelle, comme en matière civile, un
jugement n'est rien tant qu'on n'en fait pas usage et
qu'il demeure enseveli dans le greffe du tribunal. Lorsque les lettres de grâce étaient en usage, les occasions
où il y avait quelque intérêt à suspendre le jugement
étaient plus fréquentes : elles se présentent cependant
encore quelquefois, comme lorsque la preuve de l'*alibi*
survient après la condamnation.

Le PREMIER CONSUL demande pourquoi, après la
mort naturelle du condamné, on n'exécuterait pas le
jugement par effigie.

Le C. TRONCHET répond que c'est parce qu'alors
la fiction ne peut plus avoir lieu.

Il ajoute que l'exécution par effigie est suspendue
jusqu'au jugement du tribunal de cassation ; que si le
condamné meurt avant le jugement qui maintient sa
condamnation, il meurt encore *integri statûs*. Autrefois
il en était ainsi, même quand il se donnait lui-même la

mort; mais alors on faisait le procès à sa mémoire pour crime de suicide.

Le C. REGNAUD (de S.'-Jean-d'Angely) observe que le suicide n'étant plus au nombre des actes que la loi punit, les condamnés pourraient échapper à la mort civile, en se donnant eux-mêmes la mort.

Le C. TRONCHET dit que quand on s'occupe d'une loi générale, il ne faut pas se déterminer par quelques cas qui ne sont que des exceptions dans le cours ordinaire des choses.

Le MINISTRE DE LA JUSTICE pense que le système de ne pas donner d'effet rétroactif au jugement du tribunal de cassation, lorsqu'il maintient la condamnation, peut entraîner de graves inconvéniens. En effet tous les comdamnés ont aujourd'hui la faculté de se pourvoir : il s'écoule un mois avant que le tribunal de cassation ne prononce. Les condamnés, qui la plupart se pourvoient avec la conviction intime qu'ils font une tentative inutile, peuvent employer ce temps à disposer de leurs biens par des actes frauduleux, si leur mort civile ne date pas du jour de leur jugement de condamnation, lorsqu'il est maintenu.

Le C. BOULAY dit qu'on remédierait à ce désordre en déclarant frauduleux les actes faits dans le temps intermédiaire.

Le C. TRONCHET dit que les observations du Ministre sont justes ; qu'elles avaient également toute leur force dans le temps où les jugemens criminels étaient sujets à l'appel , et que cependant la mort civile n'était encourue que du jour de l'exécution.

Quant aux actes frauduleux que le condamné pouvait faire, ils avaient alors pour objet de soustraire ses biens à la confiscation; et néanmoins on n'annullait que les dispositions gratuites. Maintenant la mort civile n'a d'autre effet, par rapport aux biens du condamné, que d'ouvrir sa succession. Il peut se faire que l'époque où commence sa mort civile change la personne de son héritier ; mais c'est-là une des chances inséparables de la matière des hérédités.

Le C. MALLEVILLE dit que l'intérêt de tiers peut aussi exiger que le condamné ne divertisse pas sa fortune. Il en est ainsi dans le cas où , indépendamment de

la peine imposée pour la vindicte publique, il est condamné à restituer un vol, ou à payer des dommages-
intérêts.

Le C. TRONCHET répond qu'alors les dispositions
frauduleuses qu'il aurait faites seraient annullées, parce
que tout acte qui fraude un droit acquis est essentielle-
ment nul.

L'article XVIII est adopté.

L'article XIX est soumis à la discussion ; il est ainsi
conçu :

« Les effets de la mort civile seront, la dissolution du
» contrat civil du mariage ; l'incapacité d'en contracter
» un nouveau ; d'exercer les droits de la puissance pater-
» nelle ; de recueillir aucune succession ; de faire aucune
» disposition à cause de mort ; de recevoir aucune do-
» nation, même entre-vifs, à moins qu'elle ne soit res-
» treinte à des alimens ; d'être tuteur, ou de concourir
» à une tutelle ; de rendre témoignage en justice, ni d'y
» ester autrement que sous le nom et à la diligence d'un
» curateur nommé par le mort civilement, ou, à son dé-
» faut, par le juge. »

Le MINISTRE DE LA JUSTICE dit que la mort
civile de l'un des époux ne doit ôter au mariage que ses
effets civils et pécuniaires ; qu'elle ne peut détruire le
contrat naturel sans que l'autre époux y consente. Comment la loi ne verrait-elle plus qu'une concubine dans
la femme qui, par principe de conscience, croirait ne
devoir pas abandonner son mari ! comment déclarer
illégitimes des enfans qui naissent d'une union formée,
dans le principe, sous les auspices de la loi ! La mort
civile de l'un des époux ne doit être qu'une cause de
divorce.

Le C. BOULAY dit qu'il avait d'abord embrassé cette
opinion ; mais on lui a répondu que la loi ne s'occupe
pas du contrat naturel du mariage, qu'elle ne règle que
le contrat civil ; et que quand elle l'a rompu, elle ne
peut plus regarder comme légitimes les enfans qui naissent ensuite.

Le MINISTRE DE LA JUSTICE répond que la mort
civile n'est qu'une fiction ; qu'une fiction ne peut aller
au-delà de la vérité ; qu'ainsi la loi est forcée de reconnaître pour vivant l'individu frappé de mort, et, par une

N. 4.   A 3

conséquence nécessaire, de lui accorder des alimens, de punir les attentats commis sur sa personne, de lui permettre de poursuivre les injures qu'il reçoit : la loi peut donc aussi déclarer ses enfans légitimes.

Le C. TRONCHET dit que le contrat naturel du mariage n'appartient qu'au droit naturel. Dans le droit civil , on ne connaît que le contrat civil , et on ne considère le mariage que sous le rapport des effets civils qu'il doit produire. Il en est du mariage de l'individu mort civilement comme de celui qui a été contracté au mépris des formes légales.

Le PREMIER CONSUL dit que , d'après ce système, il serait donc défendu à une femme profondément convaincue de l'innocence de son mari, de suivre dans sa déportation l'homme auquel elle est le plus étroitement unie ; ou, si elle cédait à sa conviction , à son devoir, elle ne serait plus qu'une concubine. Pourquoi ôter à ces infortunés le droit de vivre l'un auprès de l'autre , sous le titre honorable d'époux légitimes !

Le C. TRONCHET répond que la loi ne défend pas, en ce cas, à la femme de suivre son mari ; mais elle ne peut plus s'occuper de la nature de son union, tous les effets civils étant détruits. La succession du condamné est ouverte, ses enfans la recueillent , ceux qui lui surviennent ensuite n'y peuvent rien prétendre : sous le rapport du droit civil , ce sont des bâtards dont on ne reconnaît que la mère.

Le PREMIER CONSUL objecte que si la loi permet à la femme de suivre son mari sans lui accorder le titre d'épouse, elle permet l'adultère.

Le C. TRONCHET dit qu'il n'y a pas d'adultère, parce que les époux ne vivent plus que sous l'empire de la loi naturelle , et sont désormais étrangers à la loi civile.

Le PREMIER CONSUL dit qu'ils vivront cependant sous l'empire des lois positives , si le lieu de la déportation est situé sur le territoire français.

Le C. TRONCHET dit qu'il ne regarde pas comme mort civilement , celui qui n'est pas déporté hors du territoire de la République.

Le PREMIER CONSUL dit que la société est assez

(7)

vengée par la condamnation, lorsque le coupable est
privé de ses biens, lorsqu'il se trouve séparé de ses
amis, de ses habitudes. Faut-il étendre la peine jusqu'à
la femme, et l'arracher avec violence à une union qui
identifie son existence avec celle de son époux! Elle
vous dirait : Mieux valait lui ôter la vie; du moins me
serait-il permis de chérir sa mémoire ; mais vous ordonnez
qu'il vivra, et vous ne voulez pas que je le console !
Eh! combien d'hommes ne sont coupables qu'à cause
de leur faiblesse pour leurs femmes ! qu'il soit donc
permis à celles qui ont causé leurs malheurs, de les adoucir
en les partageant. Si une femme satisfait à ce devoir,
vous estimerez sa vertu ; et cependant vous ne mettez
aucune différence entre elle et l'être infame qui se pros-
titue !

Le C. TRONCHET pense qu'il convient d'ajourner
toutes les questions relatives à la mort civile, jusqu'à la
confection du code criminel, pour éviter les contradic-
tions, et de se borner à dire dans le Code civil : « Que
» la mort civile est encourue dans les cas et suivant les
» formes déterminées par les lois criminelles. »

Le C. REGNIER dit que la mort civile et ses effets
sont du domaine de la loi positive, qui peut les modifier,
les étendre, les resserrer à son gré. Rien ne s'oppose
donc à ce que la loi n'admette la restriction proposée
par le premier Consul, si la bienséance et la justice le
commandent : l'un et l'autre paraissent exiger que la
mort civile de l'un des époux n'établisse pour l'autre
que la faculté de faire rompre le mariage.

Le C. MALEVILLE dit que la raison et la législation
romaine le veulent ainsi. Il fait lecture de la loi au code *de
repudiis*. Cette loi porte : *Matrimonium quidem deportatione,
vel aquæ et ignis interdictione, non solvitur, si casus in
quem maritus incidit, non mutet uxoris adfectionem. Ideoque
dotis exactio ipso jure non competit ; sed indotatam esse, cujus
laudandum propositum est, nec ratio æquitatis, nec exempla
permittunt.*

Le C. MALEVILLE ajoute qu'on ne peut attribuer
cette décision à l'idée de sacrement que le christianisme
attache au mariage, puisque l'empereur *Alexandre Sévère*,
qui l'a donnée, et *Ulpien* le chef de son conseil, étaient
tous deux païens : au reste, jamais en France la mort civile
n'a rompu le mariage du condamné, ni rendu bâtards les

enfans nés depuis; ils ne succédaient pas, mais ils étaient légitimes.

Le C. REGNIER dit que le lien du mariage subsistait, parce qu'il était du ressort de la puissance ecclésiastique; mais que cependant la loi civile peut restreindre les effets naturels de la mort civile.

Le C. BOULAY dit qu'il serait contradictoire de regarder des enfans comme légitimes, et de leur refuser néanmoins le droit de succéder.

Le C. RŒDERER répond que c'est la position où se trouvent les enfans de tous les confisqués : ils naissent légitimes, mais ils naissent déshérités.

Les difficultés viennent ici de ce qu'on oublie que la mort civile n'est qu'une fiction, dont la loi peut régler les suites comme elle le croit convenable.

Le C. REGNAUD (de Saint-Jean-d'Angely) dit que l'enfant d'un confisqué ne naît pas même déshérité; qu'il naît d'un père qui n'a plus de patrimoine.

Le C. TRONCHET dit que la difficulté subsistera du moins pour les successions collatérales.

Le C. MALEVILLE répond que le parlement de Paris, sur les conclusions de l'avocat général *Bignon*, a jugé la question en faveur des enfans du condamné, et qu'à cette occasion a été établi le principe, que la mort civile du père ne détruit pas la consanguinité qui unit ces enfans à leurs parens collatéraux : *Jus consanguinitatis non tollitur.*

Le C. PORTALIS dit qu'il y a eu de grandes discussions sur le mariage de l'individu mort civilement. On a demandé si les enfans nés depuis, sont légitimes, s'ils succèdent. Chez les Romains, il y avait plusieurs sortes de mariages : suivant la classe à laquelle appartenaient les individus; mais même pour la classe des hommes libres et des citoyens romains, on distinguait deux espèces de mariage; le mariage solennel, qu'on appelait *justæ nuptiæ*; le mariage moins solennel, qu'on appelait *matrimonium*. Tous deux formaient des unions légitimes : le mariage du condamné ne pouvant conserver la même dignité que le mariage du citoyen qui jouissait de tous ses droits, n'était plus que le simple *matrimonium*; mais il ne faisait pas de la femme une concubine.

En France, on voyait dans le mariage tout-à-la-fois

un contrat civil et un sacrement; le ministre de l'église était le ministre de l'un et de l'autre; et parce que l'idée de sacrement et celle de contrat de mariage étaient insé-parables, et que le lien religieux était réputé indisso-luble, on a agité la question de la légitimité des enfans; question qui, au surplus, n'était que de mots, car les enfans étaient privés du droit de succéder.

On a considéré cependant que la filiation est néces-sairement incertaine, lorsque, le père étant errant et caché, elle n'est pas garantie par la cohabitation publique et solennelle des époux : en conséquence, l'ordonnance de 1639, la première loi qui se soit occupée du ma-riage des morts civilement, l'a assimilé au mariage clandestin. Tel est le dernier état de la législation.

Aujourd'hui qu'il s'agit de régler la matière par une loi nouvelle, il est nécessaire de mesurer les disposi-tions sur la nature des peines. Si la déportation ne doit conduire les condamnés que dans une contrée de la France, et les y coloniser, il faut que la loi civile reconnaisse leurs mariages, en détermine la forme et assure l'état de leurs enfans. Il y aura cependant encore des difficultés sur le condamné qui se sera évadé, sur le contumax. L'un et l'autre n'est plus qu'un vagabond. Certainement l'épouse qui s'associera à son malheur sera digne de respect; mais la tranquillité des familles ne permet pas de croire aux communications secrètes qu'elle pourra avoir avec un homme forcé de se dérober à tous les regards.

Le C. MALEVILLE dit que les dispositions de l'or-donnance de 1639 ne s'appliquent qu'aux mariages contractés depuis la mort civile et aux enfans qui en sont les fruits; mais qu'elles ne rompent pas le mariage contracté auparavant, et ne privent pas de leur état les enfans qui en naissent, même depuis que leur père est mort civilement. Cette loi était même d'une dureté qui l'a empêchée de recevoir son exécution à l'égard des successions collatérales : elle déclarait incapables de succéder, non-seulement les enfans nés d'un mariage contracté depuis la mort civile, mais encore toute leur postérité.

Le C. BOULAY dit que c'est pour corriger la dureté du principe, que l'art. XXVII du Projet laisse au Gou-vernement le droit de disposer de la succession du con-damné, après sa mort naturelle.

A 5

Le C. REGNIER dit que cet adoucissement ne rend pas aux enfans les honneurs de la légitimité.

Le C. BOULAY répond que ce point est du domaine de l'opinion, qui certainement ne flétrira pas les enfans d'un condamné ; mais que si l'on admettait le principe de la légitimité des enfans nés depuis la mort civile de leur père, la mère pourrait introduire des bâtards dans la famille.

Le PREMIER CONSUL dit que la mère n'a pas d'intérêt à commettre cette fraude, puisque les enfans qu'elle supposerait nés de son mari, ne recueilleraient pas la succession de leur père.

Le C. BOULAY dit que la mère agirait par l'intérêt de leur assurer sa propre succession.

Le C. REGNIER dit qu'il s'agit sur-tout de sauver l'honneur des enfans, et que la loi en a le pouvoir. Il ne reste donc qu'à examiner si la honte d'une condamnation doit réfléchir sur ceux qui tiennent au condamné. L'humanité et la justice veulent qu'on en restreigne, autant qu'il est possible, les effets.

Le PREMIER CONSUL pense qu'il conviendrait d'adopter la proposition du C. *Tronchet*, et d'ajourner cette discussion, jusqu'à celle du Code criminel.

Le C. TRONCHET persiste d'autant plus dans cette opinion, qu'il est frappé de la nécessité dont a parlé le C. *Portalis*, de se régler sur la nature et la durée des peines qui seront établies, et de la distinction qu'il a faite. On conçoit en effet, que si les déportés doivent vivre dans une contrée française, sous les yeux du public et des magistrats, il n'y a pas d'inconvénient à déclarer légitimes des enfans dont la filiation ne sera obscurcie par aucune incertitude ; mais qu'il n'en est pas de même du condamné vagabond, dont la vie entière est cachée aux yeux de la société. Le C. *Tronchet* propose la rédaction suivante : « La mort civile est encourue par » la condamnation à des peines auxquelles la loi crimi- » nelle attache cet effet. »

Le C. REGNIER objecte qu'il s'agit ici des effets de la mort civile, et que la loi civile doit seule les déterminer, à moins qu'elle ne prononce que la mort civile sera une privation totale et absolue de toute espèce de droits.

Le C. Cretet observe que le mariage du mort civilement peut produire deux sections dans sa postérité : l'une comprend les enfans nés avant sa condamnation ; l'autre, les enfans nés depuis. On pourrait les regarder toutes deux comme légitimes. La première prendrait à titre d'hérédité les biens qu'aurait le condamné au jour où commencerait sa mort civile ; la seconde serait appelée à succéder exclusivement aux biens qu'il aurait acquis depuis. Les deux sections viendraient concurremment à la succession de la mère.

Le Premier Consul dit qu'on pourrait, dans l'article en discussion, passer sous silence les effets de la mort civile par rapport au mariage, en se bornant à exprimer qu'elle le dissout dans les cas déterminés par la loi criminelle.

Le C. Tronchet propose de renvoyer au titre *du mariage* et au titre *des successions*, les effets que la mort civile opère par rapport au mariage et à l'ordre de succéder.

Le Ministre de la Justice attaque l'article en discussion dans la disposition qui déclare le mort civilement, incapable de contracter mariage. Les droits naturels de l'homme, dit le Ministre, demeurent au condamné, et de ce nombre est le droit de se marier. Cependant, si son mariage n'est pas avoué par la loi, si ce n'est qu'un concubinage, s'il peut quitter arbitrairement son épouse, et changer, comme il lui plaît, de lien, les mœurs et la justice seront également blessées.

Le C. Boulay dit que ce serait anéantir entièrement la mort civile, que de reconnaître un tel mariage ; la loi ne pourrait l'avouer sans admettre la stipulation de communauté, les conventions matrimoniales, et une grande partie des droits dont la mort civile prive le condamné.

Le C. Portalis dit qu'autant l'épouse qui n'abandonne pas son mari condamné mérite de faveur, autant en mérite peu la femme qui ne répugne pas à épouser un homme flétri par la justice.

Il ajoute que toutes les difficultés qui embarrassent la discussion, viennent de ce qu'on emploie le mot équivoque de *mort civile*, au lieu de spécifier la privation plus ou moins étendue des effets civils qu'on veut faire résulter de la condamnation aux diverses peines. On pourrait

donc s'exprimer ainsi : « Les effets civils dont sont privés
» les condamnés à telle ou telle peine, sont, &c. »

Le Consul CAMBACÉRÉS dit que cette forme de
rédaction pourrait laisser des incertitudes, ou donner lieu
à des omissions qui tourneraient à l'avantage du condamné. Le mot *mort civile* est universellement entendu ;
il a passé dans le langage des lois et des jurisconsultes.

Au surplus, les questions qui ont été agitées sont
prématurées. On n'a pas encore de bases pour asseoir
une décision, puisqu'on ignore quelles condamnations
emporteront la mort civile. Cette discussion doit donc
être rattachée à celle du Code criminel.

Le PREMIER CONSUL dit que cette proposition ne
peut être adoptée, si l'on ne rapporte l'article XVIII.

Le rapport de l'article XVIII est mis aux voix et
adopté.

Le CONSEIL y substitue l'article suivant :
« Le code criminel détermine les peines qui em-
» portent la mort civile. »

On reprend la discussion de l'article XIX.

Le PREMIER CONSUL dit que ce serait peut être
ici le lieu de régler hypothétiquement l'état des déportés,
en supposant qu'ils seront réunis dans une vaste étendue
de terrain où ils formeront une colonie. On pourrait leur
ôter la vie civile hors du lieu de leur déportation, et
la leur rendre dans la contrée où ils seraient déportés.
On pourrait alors admettre la distinction établie par le
C. *Portalis.* On laisserait, au surplus, la loi criminelle
prononcer sur les questions relatives au mariage du condamné ; et l'on dirait dans le Code civil, que la mort
civile rompt le mariage dans les cas déterminés par la
loi criminelle.

Le C. LACUÉE dit qu'il n'y a de difficulté que
dans les mots. On la leverait, si, distinguant celui
qui mérite la peine de mort de celui qui a encouru
une peine moins grave, on variait les effets de la mort
civile, suivant que le condamné se trouverait dans l'un
ou dans l'autre cas.

Le C. BIGOT-PRÉAMENEU pense qu'il faudrait
distinguer les effets que la mort civile du père doit
opérer par rapport aux intérêts pécunaires des enfans

nés depuis qu'elle est encourue, de ceux qu'elle opérera par rapport à leur légitimité. Rien ne s'opposerait alors à ce qu'on ne les reconnût pour légitimes, et cette disposition serait dans l'intérêt des mœurs.

Le C. CRETET dit que la distinction proposée est connue en Angleterre.

Le C. TRONCHET dit qu'il ne sera pas possible de déclarer les déportés morts civilement, par-tout ailleurs que dans le lieu de leur déportation, si ce lieu est placé en France. Autrefois le bannissement à perpétuité hors du territoire français, emportait la mort civile, parce qu'il retranchait effectivement le banni de la société ; le bannissement hors d'une province n'ôtait pas la vie civile, parce qu'il ne pouvait effacer la qualité de Français. Il en sera de même de la déportation : elle ne sera qu'un exil si elle n'a d'autre effet que de reléguer le condamné dans une contrée déterminée de la France.

Le PREMIER CONSUL dit que si la condamnation à une prison perpétuelle emporte la mort civile, la déportation dans un lieu déterminé doit donc l'emporter aussi, parce qu'il n'y a de différence entre ces deux peines, qu'en ce que la déportation donne au condamné une prison plus vaste et plus commode.

Le C. TRONCHET demande comment succéderaient les enfans que le déporté aurait eus depuis sa mort civile, s'il laissait également des biens dans le lieu de la déportation et dans d'autres parties de la République, et que la loi ne leur donnât pas la même successibilité par-tout.

Le C. RÉAL observe que le lieu affecté à la déportation, appartenant au territoire de la République, il est possible que des Français non déportés aillent s'y établir; il est également possible que ces deux espèces d'habitans contractent entre eux des alliances. Alors, comment régler les effets du mariage, si un individu qui a des biens et la vie civile hors du lieu de la déportation, épouse un individu qui n'a de droits civils que dans ce lieu !

Le PREMIER CONSUL répond qu'il y aurait un code particulier pour les déportés. Il suffirait même de dire que, hors du lieu de la déportation, les enfans n'auront aucun droit du chef de leur père déporté.

Le C. TRONCHET dit qu'il y aura toujours de grandes

difficultés pour les successions collatérales qui s'ouvriraient au profit de ces enfans, hors du lieu de la déportation.

Le Premier Consul dit qu'on peut les prévenir. La loi décidera positivement s'ils viennent ou s'ils ne viennent pas à ces sortes de successions.

Le Premier Consul annonce qu'il va mettre aux voix la question de savoir si on fera une nation particulière des déportés.

Le C. Réal observe que cette décision contredirait la nouvelle rédaction de l'article XVIII, en préjugeant que la peine de déportation sera admise par la loi criminelle.

Le Premier Consul dit qu'il est impossible qu'elle ne soit pas admise, puisqu'elle est tout ensemble humaine et utile. Les lois criminelles et les lois civiles ayant entre elles des rapports, il est indispensable de les combiner les unes avec les autres ; on peut donc déterminer ici les effets qu'aura la déportation hors de France.

Le C. Tronchet dit que pour rendre la délibération plus claire, il convient d'écarter le mot équivoque de *mort civile*, mot inventé par les jurisconsultes, et de se servir de l'expression proposée par le *C. Portalis ;* on pourrait donc rédiger ainsi :

« Il y a des peines qui emportent la privation absolue
» de tous les droits civils ; ces peines constituent la mort
» civile proprement dite. Il y a des peines qui n'em-
» portent la privation que d'une partie des droits civils ;
» ces peines constituent la mort civile imparfaite ». On
mettrait la déportation au rang des peines de la seconde
classe, et on en déterminerait les effets.

Le Consul Cambacérés dit qu'il importe de conserver l'expression *mort civile*, laquelle est généralement usitée, et porte avec elle une idée dont l'effet est utile à la société.

Le Premier Consul dit qu'on pourrait distinguer les peines qui emportent la mort civile de celles qui n'entraînent que la privation des droits civils.

Cette distinction est mise aux voix et adoptée.

On continue la discussion de l'article XIX

Le CONSUL CAMBACÉRÉS attaque la disposition qui autorise le mort civilement à nommer un curateur pour le représenter en justice. La demande d'alimens est la seule qu'il puisse former : autrefois elle était présentée par le ministère public.

Le C. TRONCHET dit qu'on pourrait faire toujours nommer ce curateur par le juge, sur la requête que le mort civilement lui présenterait.

Le MINISTRE DE LA JUSTICE attaque la disposition qui déclare le mort civilement, absolument incapable de rendre témoignage. Il peut se trouver des circonstances où il devienne témoin nécessaire; et alors la justice doit pouvoir l'entendre, sauf à n'avoir en sa déposition que la confiance qu'elle peut mériter : quelquefois elle interroge même les choses muettes. Il faudrait donc restreindre la disposition au cas où la loi exige la présence de témoins pour la validité d'actes civils.

Le C. BOULAY dit qu'il répugne qu'un homme flétri par une condamnation, soit entendu pour en faire condamner un autre.

Le C. REGNIER dit que le mort civilement peut être entendu, mais qu'il est reprochable.

Le C. RÉAL dit qu'il est des cas où la justice n'entend pas le témoin nécessaire ; tel serait celui où il faudrait demander la déposition du père contre le fils et du fils contre le père.

Le C. CRÉTET observe que, dans le fait, le mort civilement ne peut jamais être entendu : s'il est déporté, il est absent; s'il est évadé ou contumax, il ne se présentera pas.

Le MINISTRE DE LA JUSTICE répond qu'il peut arriver qu'un crime commis dans une prison n'ait eu pour témoins que des individus morts civilement.

Le C. REGNIER dit que si l'on entend les morts civilement dans ce cas, il faut décider aussi qu'ils ne pourront être reprochés.

Le C. RŒDERER dit que jamais la récusation n'atteint le témoin jugé nécessaire.

Le C. REGNAUD (de Saint-Jean-d'Angely) rappelle

qu'autrefois on recevait la déposition d'un mort civilement quand elle était jugée nécessaire ; mais qu'on ne l'assignait pas en confrontation : on pourrait aujourd'hui imiter cet ordre, en faisant entendre les morts civilement par le magistrat de sûreté, dont le ministère consiste à recueillir tous les renseignemens, et en ne les faisant pas comparaître devant le jury.

Le MINISTRE DE LA JUSTICE dit que l'ancien usage était fondé sur ce qu'alors on admettait les preuves écrites.

Le C. RÉAL observe qu'on écarte même la déposition du dénonciateur, quoiqu'il soit déclaré témoin nécessaire, lorsqu'il doit profiter de la condamnation.

Le C. RŒDERER partage l'opinion du Ministre de la justice ; il voudrait cependant que le principe de l'article fût consacré, afin qu'on n'admît pas indistinctement le mort civilement, comme témoin ; mais il faut une exception dans la loi, pour le cas où il devient témoin nécessaire. La place naturelle de cette exception est dans le Code criminel.

Le MINISTRE DE LA JUSTICE propose de dire que le mort civilement ne pourra jamais être appelé comme témoin par les parties, mais seulement à la requête du ministère public.

Le PREMIER CONSUL demande pourquoi l'on s'est servi, dans l'article, de cette expression, *le contrat civil du mariage.*

Le C. BOULAY répond qu'on s'est exprimé ainsi, parce que la loi ne voit dans le mariage qu'un contrat civil. L'expression qu'on a employée a paru d'ailleurs la plus propre à faire taire les scrupules des consciences.

Le PREMIER CONSUL dit qu'elle semble supposer qu'aux yeux de la loi il reste encore quelque chose après la dissolution du contrat civil, et qu'elle paraît préjuger la question de la légitimité des enfans.

Le C. RŒDERER dit qu'il reste le contrat naturel et le lien religieux.

Le C. DEFERMON observe qu'on peut ne pas s'expliquer sur la dissolution du mariage ; qu'il suffit d'énoncer en détail les effets que la mort civile opère à l'égard de cet engagement.

Le C. Rœderer adopte la locution employée par la section. Elle préviendra les méprises des consciences, puisqu'il est universellement reconnu que le juge peut rompre le contrat civil du mariage ; elle prouve qu'on ne veut offenser aucun culte, et qu'on les respecte tous également. Chez les Romains, le mariage n'était qu'un contrat civil ; et néanmoins la loi ne contrariait pas l'opinion qu'il est indissoluble.

Le C. Réal ajoute à ces observations que la loi étant faite pour un peuple chez lequel existent déjà diverses opinions formées, et admettant les divers cultes, il faut qu'elle parle de manière à n'en choquer aucun.

L'article est adopté.

Le C. Tronchet propose de placer ici l'article XXV, lequel est ainsi conçu :

» Les héritiers du mort civilement seront saisis de » plein droit, et irrévocablement, de ses biens et actions, » à compter du jour où la mort civile aura lieu. »

Cette proposition et l'article XXV sont adoptés.

Le C. Tronchet demande qu'avant de discuter les articles XX, XXI, XXII, XXIII et XXIV, on traite la question générale de savoir si la mort civile est suspendue jusqu'après l'expiration du délai accordé pour purger la contumace, ou si elle est encourue provisoirement, sauf la résolution avec effet rétroactif lorque le condamné se représente dans le délai prescrit.

Il observe que tous les tribunaux adoptent cette dernière opinion.

Le C. Boulay dit que la section, d'après la théorie adoptée par le conseil sur la mort civile , se borne à proposer l'interdiction du contumax.

L'opinion qui le fait mourir civilement avant le délai que la loi lui accorde pour se représenter est injuste, parce que, dans une procédure par contumace, l'accusé ne peut ni se défendre ni être défendu ; qu'on entend à peine quelques témoins ; qu'on ne leur permet pas de se corriger ; que tous les doutes sont interprétés contre le contumax ; qu'enfin une procédure traitée avec tant de légéreté n'est que de forme , et ne doit pas dès-lors avoir des effets aussi graves qu'une procédure solennelle. Il est même possible qu'un absent qui ignore qu'il est accusé , se trouve cependant condamné par contumace ; il se peut aussi

qu'ayant des ennemis puissans ou des préventions à craindre, il fuie une instruction où il ne peut avoir une confiance entière dans la justice de sa cause.

D'un autre côté, il est contre les principes d'appliquer à ce qui concerne la vie, l'usage des clauses résolutoires que l'essence des choses ne permet d'employer que dans les contrats. Il est contre toute vraisemblance de ressusciter civilement celui qui meurt naturellement dans un délai de cinq ans.

Enfin le système du C. *Tronchet* porterait le trouble dans les familles. En effet, les héritiers d'un condamné sont saisis de ses biens, du moment où il encourt la mort civile; il faudra donc anéantir peut-être une longue suite de transmissions, si, en se faisant absoudre, il reprend rétroactivement ses droits civils. Dans le système de la section, au contraire, la propriété ne repose irrévocablement sur la tête de ses héritiers qu'au moment où il en est dépouillé sans retour : ce système, au surplus, ne lui conserve ses droits que passivement ; il suspend la mort civile pendant un délai suffisant pour que le condamné fasse valoir son innocence, mais pas assez long pour prolonger trop l'incertitude de sa propriété.

Le C. TRONCHET répond que pour bien faire entendre la question, il se voit forcé de tracer d'abord l'histoire des progrès de la législation, et sur-tout de comparer l'ordonnance de 1670 avec le Code pénal du 3 brumaire de l'an 4.

Il observe que c'est à la mort civile parfaite que la section ne veut pas donner les mêmes effets lorsqu'elle est encourue par un contumax, que lorsqu'elle l'est par un individu condamné contradictoirement.

On a douté autrefois, continue le C. *Tronchet*, si la peine capitale, et sur-tout la peine de mort, devait être prononcée contre le contumax. Les Romains ne le condamnaient pas à mort, mais aussi sursoyaient-ils à toute condamnation. Il leur paroissait absurde d'infliger à un coupable, parce qu'il a fui, une peine plus douce qu'à un coupable mis en présence de la justice. Les Capitulaires de *Charlemagne* prouvent que ce système a été suivi en France.

Depuis, on en a senti les inconvéniens; et les Établissemens de *Louis IX* ont autorisé la condamnation d'un accusé absent. Ce changement était fondé sur les raisons les plus solides. La punition d'un coupable a pour objet l'intérêt public et l'intérêt de la partie civile : la justice

due à la partie civile ne permet pas d'éloigner la répara-
tion qui lui appartient, parce que celui qui l'a offensée
s'est dérobé à la vengeance des lois; l'intérêt public
exige que l'exemple du châtiment infligé au coupable,
retienne les pervers qui pourraient se porter à le suivre
dans la carrière du crime. C'est pour cette fin, et pour
cette fin seulement, que les peines sont établies. Certes,
s'il existait d'autres moyens de retrancher, sans retour,
de la société, l'homme corrompu qui l'a troublée, et de
la garantir de ses attentats, il faudrait abolir la peine de
mort et les peines perpétuelles.

Mais l'exemple ne produit pas le même effet, si la
punition ne vient que long-temps après le crime. Voilà
pourquoi l'on ne diffère plus ni le jugement ni l'exécution
des coupables.

Cependant il serait contre la justice et contre l'humanité, de donner la même force au jugement rendu contre
un accusé absent, qu'au jugement rendu contre un accusé
qui a pu se défendre. A cet égard, on a distingué entre
la peine capitale d'où résulte la mort civile, et les peines
purement pécuniaires. La faveur de l'innocence a fait
admettre le condamné à se représenter en tout temps pour
se faire absoudre de la peine capitale. Il pouvait provo-
quer un jugement nouveau, même après avoir prescrit
la peine. Cependant cette faveur n'était que pour le
condamné qui se présentait volontairement. Le contumax saisi était exécuté sans nouvelle procédure : la for-
mule du jugement l'énonçait. On était plus sévère par
rapport aux peines pécuniaires, qui consistaient sur-tout
dans la privation des biens au profit du fisc, presque
dans toutes les provinces, et au profit des héritiers seulement, dans quatre où la confiscation n'avait pas lieu.
L'ordonnance de Moulins de 1563, en substituant
un délai de cinq ans au délai d'un an qui jusque-là
avait été accordé au condamné pour se représenter,
maintint néanmoins le droit alors existant ; elle ne rendit,
en cas d'absolution, ni les biens qu'avaient recueillis soit
le fisc soit les héritiers, ni les restitutions ou dommages-
intérêts que la partie civile avait touchés. L'ordonnance
de 1670 a conservé le délai de cinq ans, et admis le
contumax à se représenter même après ce délai : elle a
décidé que le contumax, saisi même après les cinq ans,
ne pourrait être aussitôt exécuté, mais que la procédure
serait recommencée. Mais l'ordonnance de 1670 ne
rendait au contumax absous tout ce que sa condamnation

lui avait fait perdre que lorsqu'il s'était représenté dans les cinq ans. L'intérêt des tiers, de la partie civile, des héritiers, avait dicté cette disposition. Le jugement par contumace était comme est en matière civile un jugement par défaut, qu'on exécute provisoirement et tant qu'il n'est pas attaqué. Les héritiers ne succédaient aux droits du condamné qu'en donnant caution : ainsi ils ne pouvaient abuser de leur possession ; et comme ils ne possédaient que par provision, il était impossible qu'on acquît d'eux de bonne-foi. Si le condamné ne se représentait pas pendant les cinq ans, il perdait définitivement tous les biens dont il avait été dépouillé, mais il reprenait tous ses biens pour l'avenir. Il n'y avait là rien de choquant. La mort civile est une fiction : la loi peut donc faire mourir et faire revivre un condamné par rapport à ses droits civils, et l'en priver pour un temps.

L'ordonnance de 1670 veut aussi que le contumax soit exécuté par effigie dans les vingt-quatre heures du jugement : le Code du 3 brumaire contient la même disposition. L'exécution emporte de plein droit la mort civile ; et cependant la section propose d'en détacher cet effet nécessaire. Elle voudrait que le contumax subît l'exécution par effigie, et que néanmoins il conservât la vie civile. Elle objecte que dans le système de l'ordonnance de 1670, le contumax peut anéantir la mort civile ; qu'ainsi, autant vaut-il la suspendre jusqu'à l'époque où ses effets passés ne peuvent plus être détruits. Mais puisque la mort civile est certainement encourue par l'exécution, elle doit à l'instant produire tous ses effets, donner aux tiers les mêmes droits que si elle ne devait plus cesser, et ne pouvoir plus être anéantie que résolutoirement.

Mais pour quel intérêt la section propose-t-elle de s'écarter des principes ! Est-ce pour l'intérêt du condamné ! non, puisqu'il n'a pas la possession de ses biens. C'est pour donner au fisc les fruits échus pendant la contumace. Il est difficile de se rendre à un pareil motif. C'est ainsi que le Code du 3 brumaire rétablit aussi une sorte de confiscation, en donnant au fisc les fruits pendant vingt ans, et même pendant cinquante, si les héritiers ne justifient auparavant de la mort naturelle du contumax.

Maintenant, à quels héritiers, dans le système de la section, la succession du condamné sera-t-elle dévolue, s'il encourt la mort civile faute de s'être représenté dans les cinq ans ! Est-ce à ceux qui se trouvaient appelés lors de la condamnation! Mais à ce moment la succession n'est pas ouverte, puisqu'il n'y a pas encore de mort civile. Est-ce à ceux qui se trouveront en ordre de succéder après l'expiration des cinq ans! Alors on prive d'abord des fruits les parens qui devaient les recueillir par provision, et on expose en outre leurs héritiers à se voir enlever la succession, si ces parens viennent à mourir pendant les cinq ans.

Le C. *Tronchet* propose, en finissant, d'accorder la provision aux héritiers du condamné, à la charge par eux de donner caution ; et de décider que si le contumax ne se représente pas dans les cinq ans, les effets pécuniaires qu'aura produits sa condamnation seront irrévocables.

Le C. RŒDERER dit qu'en effet les biens du contumax seront mieux conservés par sa famille que par le fisc; et que d'ailleurs, en accordant la provision à ses parens, on les met en état de lui faire passer des secours.

Le PREMIER CONSUL demande si la femme du contumax pourra se remarier dans les cinq ans.

Le C. TRONCHET répond que le mariage du condamné n'est pas dissous pendant le délai de cinq ans, parce que l'importance de ce contrat exclut toute provision, et que le nouveau mariage de la femme ne peut être conditionnel : mais ce n'est là qu'une exception commandée par la nature des choses.

Le C. DEFERMON observe que puisqu'il y a des exceptions nécessaires, les principes sur la mort civile sont donc susceptibles de modification ; que la peine sera modifiée, si le condamné se représente dans les cinq ans; qu'ainsi toute la question est de savoir si l'on appellera *mort civile*, l'effet d'une peine qui peut être modifiée.

Le C. THIBAUDEAU dit que l'idée de faire remonter les effets de la mort civile au jour de l'exécution, était une combinaison de fiscalité dans l'ordonnance de 1670. Aujourd'hui que le fisc est sans intérêt, il ne s'agit plus que de décider si les successions qui, pendant les cinq ans, s'ouvriront au profit du condamné, appartiendront à ses enfans ou à des collatéraux.

Le C. TRONCHET dit que les enfans nés avant la mort civile de leur père, les recueilleront de leur chef; que ceux nés depuis n'y peuvent rien prétendre, puisque la loi ne les reconnaît pas.

Le C. REGNIER observe qu'il est cependant un cas où la mort civile du père nuit aux enfans s'ils ne viennent plus par représentation ; c'est lorsque l'héritier collatéral appelé se trouve au même degré que le condamné. Il est évident qu'il emportera la succession seul et sans le concours des enfans, puisque ceux-ci ne peuvent plus, par représentation, se placer dans le même degré que lui.

Le C. BOULAY dit que tout se réduit à décider à qui il convient d'accorder la jouissance provisoire pendant les cinq ans. Si on la donne à des héritiers, quelquefois éloignés, qui craindraient de se voir dépouillés par l'absolution du contumax, on lui suscite des adversaires dans sa propre famille, d'autant que l'ancien préjugé ne balancera pas l'intérêt des héritiers. On échappe à cet inconvénient en laissant la jouissance provisoire au fisc.

Le CONSUL CAMBACÉRÉS dit que, pour décider entre les deux systèmes, il faut d'abord les comparer.

On convient des deux côtés, 1.º que la mort civile encourue par un contumax est conditionnelle pendant les cinq ans que la loi lui donne pour purger la contumace ; 2.º qu'après l'expiration de ce délai, il doit, à la vérité, être encore admis à se constituer en jugement, mais que l'absolution qu'il obtient ne fait plus cesser rétroactivement les effets que sa condamnation a opérés par rapport à ses biens.

On se divise en ce que la section ne regarde le contumax que comme frappé d'interdiction pendant le délai de cinq ans, et ne fait commencer sa mort civile qu'après ce délai ; tandis que le C. *Tronchet*, sans s'occuper de l'avenir, et de l'absolution possible du condamné, veut que le jugement produise d'abord tous ses effets par rapport aux biens, sauf la condition résolutoire. Et en effet, il est reconnu en droit que la condamnation à la peine forme l'essence du jugement ; que les condamnations pécuniaires ne sont que des accessoires : aussi n'a-t-on jamais anéanti ces accessoires tant que le principal a existé.

Le système du C. *Tronchet* est le plus naturel ; car tout jugement doit recevoir son exécution, à moins qu'elle ne soit différée par des obstacles de droit.

On objecte que le jugement pouvant être anéanti pendant les cinq ans par la représentation du condamné, il paraît naturel de ne lui donner tous ses effets qu'après

(23)

l'expiration du délai pendant lequel ils demeurent in-
certains.

Ce raisonnement est fondé sur la supposition que le
contumax se représentera et prouvera son innocence ; mais
la présomption est pour le jugement, et l'intérêt de la
société réclame un prompt exemple. Il faudrait même,
pour être conséquent, surseoir à toute condamnation,
rassembler les preuves, et attendre jusqu'à l'expiration du
délai pendant lequel le contumax peut se représenter,
afin de ne pas rendre un jugement dont le sort soit in-
certain : ce système serait préjudiciable à la société. Le
coupable doit donc être jugé par contumace ; et s'il est
jugé, le jugement doit être exécuté aussitôt.

Le système du *C. Tronchet* ne rend pas, comme on l'a
dit, la propriété incertaine. Les biens du condamné
passent à l'instant même à ses héritiers : ses enfans les
prennent de leur chef ; ils prennent par représentation
les successions collatérales qui s'ouvrent au profit de leur
père ; et l'on ne sait encore si la représentation sera res-
treinte de manière qu'en aucun cas elle puisse s'arrêter
au condamné. S'il se représente et se justifie, il reprend
son patrimoine, et ne le trouve pas détérioré par un sé-
questre, qui est, de toutes les possessions précaires, celle
qui dégrade le plus les biens. Mais du moins l'exemple
de son exécution par effigie aura produit son effet moral :
on doit donc exécuter le jugement, sans s'embarrasser si
le condamné se représentera ; et cependant le jugement ne
serait pas exécuté dans son entier s'il ne l'était sur les biens.
La personne est absente ; le jugement ne peut l'atteindre,
il la frappe par effigie : les biens sont là ; on peut les saisir,
il faut donc en dépouiller le condamné.

Le C. PORTALIS observe qu'autrefois, quoiqu'un jugement par contumace eût été exécué par effigie, le fisc
néanmoins ne pouvait se mettre en possession des biens
avant les cinq ans.

L'inconséquence qu'on reproche à la section, ajoute-il,
se rencontre dans tous les systèmes ; il n'en est aucun où
le jugement par contumace ait exactement les mêmes
effets qu'un jugement contradictoire. Indépendamment
de la différence qu'on vient d'indiquer par rapport à la
confiscation, il y en a encore par rapport au mariage :
si le condamné se marie pendant les cinq ans, qu'il se
représente dans ce délai et soit absous, son mariage est
valable. Il y en a par rapport à la réhabilitation : si le

condamné meurt dans les cinq ans, il meurt *integri statûs.*
L'exécution par effigie n'a donc pas des effets nécessaires
sur les biens. Elle est établie pour donner un exemple à
la société ; mais la société n'a pas d'intérêt à la manière
dont la loi dispose du patrimoine du condamné ; peu lui
importe qu'on intervertisse l'ordre de succéder, ou qu'on
lui laisse son cours pendant cinq ans ; il n'y a là qu'un
intérêt de famille. Or la condamnation du coupable ne
doit pas réfléchir sur ses parens. Puisqu'on est forcé de
s'écarter en tant de choses de l'exécution complète du
jugement par contumace, pourquoi l'établirait-on dans
le seul point où la société est sans intérêt ! pourquoi
plus favoriser l'âpreté des héritiers qu'on ne favorisait
celle du fisc ! Il y aurait encore moins de pudeur de
leur part à s'emparer avec précipitation des dépouilles de
leur parent.

Tout se réduit donc à savoir si on laissera subsister,
pendant cinq ans, l'ordre naturel des successions.

On doute si le condamné se représentera : la présomption est en sa faveur. C'est par la faveur de cette présomption que l'ordonnance de Moulins a porté à cinq ans
le délai qui, avant, n'était que d'une année.

Le Premier Consul met aux voix les deux systèmes.

Le Conseil adopte celui du C. *Tronchet.*

La Séance est levée.

À PARIS, DE L'IMPRIMERIE DE LA RÉPUBLIQUE.
Brumaire an X.